KARACAN

Bir varmış, bir yokmuş. Evvel zaman içinde, kalbur saman içinde bir orman varmış. Ormanın bulunduğu dağın eteğinde geniş bir ova varmış. Dağdaki pınarlardan akan sular bir derede buluşurmuş. Dere şırıl şırıl akar, çevreye neşe saçarmış. Kekik ve adaçayı kokulu bu dağlar, yaban keçilerinin yurduymuş.

Yaban keçileri, bu ormanda özgür ve mutlu bir şekilde yaşarmış. Önceleri barınak olarak, dağlardaki mağaraları kullanmışlar. Ama, gün geçtikçe keçiler çoğalmış, bu mağaralara sığmaz olmuşlar.

Bir gün, bilge keçi Karacan, bütün keçileri toplamış. Onlara:

– Dostlarım, biliyorsunuz. Sayımız arttı, mağaralara sığmaz hâle geldik.

Yeni yurtlar edinmemiz gerekiyor. Dağlardan biraz daha aşağılara inmeliyiz, demiş.

Yaban keçileri, dağdan akan derenin aşağı kıyılarına yerleşmeye karar vermişler. Ovaya inerek her aile kendine bir barınak yeri seçmiş. Yaban keçileri, hemen çalışmaya başlamış.

Bu sırada, Karacan, keçileri uyarmış:

– Kıymetli dostlarım! Barınakları, derenin içine yapmayınız. Bazı mevsimlerde dere taşabilir. Sel baskını olabilir. Canınız ve malınız zarar görebilir, diye keçileri uyarmış.

Yaban keçileri, derenin her iki tarafına tek katlı, bahçeli güzel barınaklar yapmışlar. Bazıları ise barınaklarını derenin içine

yapmış. Onlar, derenin şırıltısını daha yakından dinlemek istiyormuş.

Mevsimlerden yaz olduğu için derenin suyu çok azmış. Keçiler, dereden kolayca geçebiliyormuş. Derede su ile oynamak, minik keçileri çok mutlu ediyormuş. Dereye minik bir göl bile yapmışlar.

Yaz mevsimi çabucak geçivermiş. Sonbahar gelmiş, hava serinlemeye başlamış. Çok fazla yağmur yağmış.

Yağmur fazla yağınca derenin suyu artmaya başlamış. Artık dereden kolayca karşıya geçilemiyormuş. Yaban keçileri, toplanıp güzel bir köprü yapmışlar. Minik keçiler düşmesin diye köprüye korkuluk da takmışlar.

Nihayet, kış mevsimi gelmiş. Lapa lapa kar yağmaya başlamış. Dağlar bembeyaz olmuş. Çam ağaçları yeşil beyaz bir renk almış.

Keçilerin bulunduğu yere de kar yağmış. Ama burası ovanın yakınındaymış. Dağlara göre burada hava daha sıcakmış. Bunun için yağan kar tutmamış, hemen erimiş.

Minik keçiler, bazen aileleriyle birlikte dağlara çıkıyormuş. Orada kardan adam yapıyorlarmış. Kartopu oynuyorlarmış. Kış mevsiminin tadını çıkarıyorlarmış.

Kış mevsimi, yaban keçileri için çok güzel geçmiş. Günler haftaları, haftalar ayları kovalamış. Bahar mevsimi yavaş yavaş kendini belli etmeye başlamış.

Baharın gelmesi ile keçilerde yeni bir telâş başlamış. Anne keçiler, yeni doğacak yavruları için hazırlık yapmaya başlamışlar. Oğlaklar için barınaklarda yeni köşeler düzenlenmiş.

Oğlaklar, teker teker doğmaya başlamış. Mahalle, cıvıl cıvıl oğlak sesleriyle dolmuş.

Sıcaklar artınca dağlardaki kar erimeye başlamış. Kar suları ile bahar yağmurları birleşmiş.

Derenin suyu birden yükselivermiş. Keçiler, korkudan uyuyamamışlar.

Gök gürlüyor, şimşekler çakıyormuş. Gök gürlemesi oğlakları korkutuyormuş. Bu sırada derenin suyu iyice kabarmış. Sular dere yatağından taşmaya başlamış. Taşan sular, dere yatağındaki evlere doğru gelmiş. Derenin suları gittikçe artmış. Sel evlerde ve bahçelerde ne varsa alıp götürmüş. Derenin içindeki evlerde yaşayan keçiler, yükseklere tırmanarak canlarını zor kurtarmış.

Evlerini su basan keçiler:

– Karacan'ın sözünü dinlemedik, evlerimizi dereye yaptık. Şimdi başımıza bunlar geldi, diye üzüntülerini belirtmişler. Evleri, selden zarar gören keçiler, akrabalarının yanına yerleşmişler.

Sabah olduğunda, yağmur dinmiş. Sular da çekilmeye başlamış. Günün ilk

ışıklarıyla sel baskını olan yere gelmişler. Dere yatağındaki barınaklar ve bahçeler selden zarar görmüş. Bahçe duvarları yıkılmış, bazı barınaklar da çamur içindeymiş. Çok şükür, can kaybı olmamış. Bu sırada, beyaz keçinin acı sesi derede yankılanmış. Çünkü, yavrularından biri yokmuş.

Bütün keçiler, derenin kıyısına inerek, yavruyu aramaya başlamışlar. Kısa bir aramadan sonra yavruyu bulmuşlar. Yavru baygın hâlde bir çam ağacının altında yatıyormuş. Yavru keçiyi, hemen doktora götürmüşler. Tedavisini yaptırmışlar.

Karacan, bütün keçileri tekrar toplamış. Onlara:

– Anne keçiler, yavrularını alarak otlaklara gitsinler. Diğerleri ise burada kalsın, demiş.

Geride kalan keçiler, önce barınak yapılacak yerleri belirlemişler.

Bu yerler, dere taşsa bile selden zarar görmeyecek yerlermiş. Önce barınakları yapmışlar, sonra aralarında iş bölümü ile dere boyuna yüksek duvarlar örmüşler. Derenin kıyısına fidan dikmişler. Böylece ileride olabilecek sel baskınlarına karşı önlem almışlar.

Keçiler, çok yorulmuşlar ama mutluymuşlar:

– Artık bir daha selden zarar görmeyiz, diyorlarmış. Bütün işleri bitince hazırlanmışlar. Şarkı söyleyerek dağlardaki otlakların yolunu tutmuşlar.